평범한 우리 어린이들을 다음 세대
위인으로 만들어 줄 교과서 위인 이야기!
효리원의 교과서 위인 이야기는 초등학교
교과 과정에 나오는 국내외 위인들을, 우리나라
최고 아동 문학가 53인이 재미있게 동화로 구성했습니다.
지혜와 용기로 위대한 삶을 산 위인들의 이야기는,
어린이들의 마음속에 '나도 할 수 있다.'는
희망의 씨앗을 심어 줄 것입니다!

일러두기

1. 띄어쓰기와 맞춤법 : 초등학교 국어 교과서와 국립국어원의 『표준국어대사전』을 기준으로 하였습니다.

2. 외래어 지명과 인명 : 국립국어원의 『외래어 표기 용례집』을 기준으로 하였습니다.

3. 이해가 어려운 단어 : ( ) 안에 뜻풀이를 하였습니다.

4. 작가 연보 : 연도와 함께 나이를 표기하고, 업적을 간략히 소개하였습니다. 우리나라 위인은 태어난 해를 한 살로 하였고, 외국 위인은 만 나이로 태어난 다음 해를 한 살로 하였습니다. 정확한 자료가 없는 위인은 연도와 업적만을 나타냈습니다.

5. 내용 구성 : 위인의 삶은 역사적 자료를 바탕으로 최대한 사실적으로 구성하였습니다. 그러나 읽는 재미를 위해 대화 글이나 배경 묘사, 인물의 감정 표현 등에 작가의 상상력을 더했습니다.

6. 그림 구성 : 문헌을 바탕으로 위인이 살던 시대를 충실히 나타내도록 하되 복식의 색상이나 장식, 소품, 건물 등은 작가의 상상으로 그렸습니다.

7. 내용 감수 : 각 분야의 전문가들로 구성된 편집 위원들이 꼼꼼히 감수를 하였습니다.

편집 위원

김용만(우리역사문화연구소장)
교과서에서 만나는 위인들을 중심으로 일화와 함께 그림과 사진을 곁들여 지루하지 않게 읽을 수 있습니다. 술술 읽다 보면 학교 공부에도 많은 도움이 될 것입니다.

신현득(동시인, 전 새싹회 회장)
우리가 자주 듣고 접하는 역사 속 실존 인물들이 자신의 꿈을 이루기 위해 어떻게 노력했는지 깨달아 가면서 우리 어린이들은 한층 더 성숙해질 것입니다.

윤재운(동북아역사재단 연구 위원)
위인전을 읽으면서 어린이들은 시대를 넘어 간접 체험을 할 수 있습니다. 어떻게 살아야 하는지 인생에 대한 동기 부여와 함께 삶이 보다 풍요로워질 것입니다.

이은경(철학 박사, 전북과학대 유아교육학과 교수)
한 사람의 인격과 품성은 어릴 때 형성됩니다. 따라서 초등학교 저학년 때 어떤 책을 읽느냐에 따라 생각의 크기가 달라집니다. 어린이의 미래를 위해 이 책은 꼭 읽어야 합니다.

이창열(하버드 대학교 물리학 박사, 전 국가과학기술자문회의 전문 위원)
세상을 바꾼 위대한 인물의 이야기는 어린이의 인성 및 감성 발달에 큰 영향을 미칠 뿐 아니라 실험 정신과 개척 정신을 길러 줍니다. 용기와 지혜로 세상을 헤쳐 나가는 당당한 어린이를 꿈꾼다면 이 책은 꼭 한번 읽어 보아야 합니다.

정재도(한글학자)
위인으로 일컬어지는 이들은 어떤 생각을 하고, 어떤 삶을 살았을까요? 그들의 흔적을 담은 위인전은 복잡한 현대를 이끌어 갈 우리 어린이들에게 나침반과 같은 역할을 할 것입니다.

조수철(서울대학교 의과대학 소아정신과 교수)
위인전은 시대와 신분, 업적이 다른 위인들의 삶이 다양하고 흥미롭게 구성되어 있어 손쉽게 여러 삶의 모습을 만날 수 있습니다. 용기 있게 고난을 헤쳐 나간 위인의 이야기를 통해 삶의 지혜를 배울 수 있을 것입니다.

블랙홀의 비밀을 밝혀낸 과학자

스티븐 호킹

조대현 글 / 최주석 그림

효리원
hyoreewon.com

스티븐 호킹이 존경받는 이유는 우주의 수수께끼인 블랙홀의 비밀을 밝혀낸 데 있습니다. 하지만 그에 앞서 '근육 위축증'이라는 불치의 장애를 극복하고 큰 업적을 이룩한 것에 더 경외심을 갖는 것 또한 사실입니다. 따라서 스티븐 호킹의 전기를 지도할 때는 그가 살아온 행적을 통해 삶의 교훈을 얻도록 하는 것이 중요합니다.

스티븐 호킹은 어린 시절부터 우주에 대해 많은 의문을 품고, 의사가 되기를 원하는 아버지의 권유마저 뿌리치고 물리학자의 길을 택했습니다. 그런가 하면 천재적인 머리를 가진 그도 한때 자만심에 빠져 시험을 망친 적도 있습니다.

이러한 일화는 어린이들에게 어릴 때부터 큰 뜻을 세우고 꾸준히 한길을 가는 것이 얼마나 중요한가를 가르치는 데 좋은 소재가 될 것입니다. 그리고 사람은 누구나 실수를 할 수 있지만 그것을 거울 삼아 더욱 분발할 때 성공한다는 교훈도 가르쳐 줄 수 있습니다.

그는 2년밖에 못 산다는 진단을 받았지만 자신보다 더 고통받는 어린 환자를 보고 힘을 얻었습니다. 아무리 어려운 상황에 빠지더라도 나보다 더 어려운 사람이 있다는 것을 깨닫는 것도 삶의 한 지혜일 것입니다.

스티븐 호킹이 밝혀낸 블랙홀 이론을 저학년 어린이에게 이해시킨다는 것은 조금 버거울 수도 있습니다. 다만 이 책에서는 코페르니쿠스→갈릴레이→뉴턴→아인슈타인으로 이어지는 우주 연구의 역사를 알고, 블랙홀의 개략적인 원리만 이해하도록 지도하면 충분할 것입니다. 나아가 이 책을 통해 우주에 대한 상상력을 키워 준다면 더 큰 소득이 될 것입니다.

어린이 여러분도 '블랙홀'이란 말을 많이 들어 보았을 것입니다.

우주에 중력(끌어당기는 힘)이 강한 구멍이 있어서, 그곳에만 가면

사람도 비행기도, 심지어 빛과 소리까지 빨려 들어간다고 하지요?

이런 비밀을 과학적으로 밝혀낸 학자가 바로 스티븐 호킹입니다.

그는 온몸의 근육이 굳어 가는 불치의 병을 앓으면서도 어릴 때

세운 꿈을 버리지 않고 끈질긴 노력 끝에 이런 신비한 비밀을 밝

혀냈습니다. 나중에는 폐렴으로 목소리까지 잃었지만 우주에 대한

과학 지식을 널리 알리는 데 노고를 아끼지 않았지요.

우리 어린이들도 어릴 때부터 뜻을 세우고, 그것을 이루기 위해

끝없이 노력하는 자세를 배웠으면 좋겠습니다.　　글쓴이 조대현

차 례

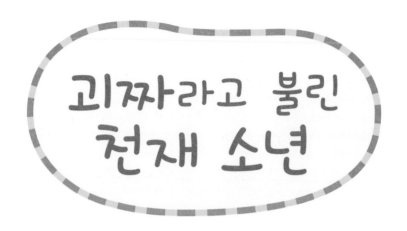

괴짜라고 불린 천재 소년

"야, 저기 괴짜 온다. 괴짜!"

한 떼의 아이들이 교문 앞으로 몰려들어 손가락질을 했습니다. 손가락질을 받은 아이는 키만 훌쩍 크고 몸이 빼빼 마른 소년이었습니다. 그래서 옷이 몸에 맞지 않아 어딘지 모습이 꺼벙해 보였습니다.

소년은 아이들이 놀리거나 말거나 손을 번쩍 들고 씩 웃어 보인 뒤 교실로 들어갔습니다.

수업이 시작되자 선생님이 아이들에게 물었습니다.

스티븐 호킹 | 온몸의 근육이 굳어가는 루게릭병을 앓으면서도 우주의 비밀을 밝히는 데 일생을 바친 이론 물리학자

"여러분, 여기 차가 한 잔 있어요. 그런데 너무 뜨거워 마실 수가 없어요. 그래서 우유를 타 마시려고 하는데, 지금 바로 타야 빨리 식을까요? 아니면 차가 좀 식은 뒤에 타야 빨리 식을까요?"

알쏭달쏭한 질문에 아이들은 얼른 대답을 못하고 고개만 갸

우뚱거렸습니다.

그때 괴짜 소년이 큰 소리로 대답했습니다.

"차가 좀 식은 뒤에 우유를 타야 빨리 식습니다."

"그건 왜 그렇지?"

"뜨거운 물은 바깥 온도와 빨리 똑같아지려는 성질이 있으니까요."

"맞았어. 바로 그거야. 바깥 온도가 똑같은 곳에 뜨거운 물과 차가운 물을 나란히 내놓으면 뜨거운 물이 빨리 식는 법이거든. 거기 비해서 차가운 물이 바깥 온도만큼 더워지는 데는 시간이 오래 걸리지. 그러니까 뜨거운 차가 좀 식은 뒤에 우유를 타야 먹기 알맞은 온도가 되는 것이지."

그제야 아이들도 그 이치를 알고 '와!' 하며 손뼉을 쳤습니다. 이 소년이 바로 스티븐 호킹입니다.

스티븐 호킹은 영국에서 1942년 1월 8일에 태어났습니다. 그런데 그가 아직 엄마 배 속에 있을 때 영국은 전쟁 중이었습니다. 하루에도 몇 차례씩 독일 전투기가 런던 하늘에 날아와

폭탄을 퍼부었습니다. 바로 제2차 세계 대전(1939~1945)이 벌어진 것입니다.

그때 스티븐 호킹의 아버지 프랭크 호킹은 런던에서 열대 지방의 질병을 연구하는 의사로 일하고 있었습니다.

비행기 폭격이 심한 런던에서 아기를 낳을 수 없다고 생각한 아버지는 아내를 데리고 시골인 옥스퍼드로 이사를 갔습니다. 그곳에서 스티븐 호킹은 엄마 아빠의 사랑을 듬뿍 받는 맏아들로 태어났습니다.

그런데 스티븐 호킹은 태어날 때부터 건강이 그리 좋지 않았습니다. 몸이 마른데다가 자라면서 잔병치레가 잦았고, 말도 좀 더듬거렸습니다. 거기다 남과 잘 어울리지 못하는 성격 때문에 집 안에서 장난감을 뜯었다 맞췄다 하면서 혼자 놀았습니다.

전쟁이 끝나자 아버지는 다시 가족을 데리고 런던에서 가까운 세인트 알반스로 이사를 갔습니다. 거기서 어린 시절을 보낸 스티븐 호킹은 10살 때 학교에 들어갔습니다.

학교에서도 스티븐 호킹은 깡마른 몸과 더듬거리는 말 때문에 아이들에게 놀림을 받았습니다. 공부도 중간 성적밖에 되지 않았습니다. 그러나 수학이나 과학 시간만은 달랐습니다. 눈동자가 반짝반짝 빛나고 머리가 핑핑 돌아갔습니다. 다른 학생들이 몇십 분 걸려야 풀 문제를 단 1~2분 만에 거뜬히 풀어냈습니다.

'괴짜'라는 별명이 붙은 것도 이 때문이었습니다. 겉모습은 꺼벙한데 머리는 비상하게 돌아간다는 뜻이었습니다. 스티븐 호킹도 그런 뜻을 알았기 때문에 아이들이 아무리 놀려도 화를 내거나 싸우지 않고 늘 웃으며 지냈습니다.

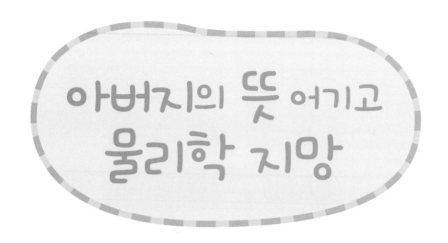

아버지의 뜻 어기고
물리학 지망

스티븐 호킹이 다닌 세인트 알반스 학교는 영국에서도 이름
난 사립 학교였습니다. 이 학교에서는 5년 동안 일반 학과를
배우고, 다시 2년 동안 고급반에 올라가 대학에 들어갈 공부
를 하게 되어 있었습니다.

고급반에 올라갈 때가 되자 스티븐 호킹에게는 한 가지 문
제가 생겼습니다. 대학에 들어가기 위해서는 앞으로 가질 직
업을 생각해서 전공과목을 정해야 하는데, 아버지의 생각과
스티븐 호킹의 생각이 달랐던 것입니다.

스티븐 호킹은 대학에 들어가 물리학(세상 만물의 이치를 연구하는 학문)을 공부하고 싶은데 아버지가 반대를 했습니다.

"수학이나 물리학 공부를 해서는 돈을 못 번다. 의학을 공부해서 의사가 되도록 해라. 그래야 이담에 장가를 들어서도 가족들 고생을 안 시킨다."

아버지는 어디까지나 아들이 돈 잘 버는 사람이 되기를 원한 것이었습니다.

그러나 스티븐 호킹의 꿈은 다른 데 있었습니다. 스티븐 호킹이 하고 싶은 일은 저 하늘 높이 떠 있는 해와 달과 별을 비롯해서, 넓고 넓은 우주에 대해서 연구하는 일이었습니다. 그것이야말로 의사가 되는 것보다 더 보람 있는 일이라고 생각했습니다.

스티븐 호킹이 이런 꿈을 가지게 된 것은 이탈리아의 천문학자(우주의 움직임에 대해서 연구하는 학자) 갈릴레이를 존경하는 마음 때문이었습니다. 갈릴레이(1564~1642)는 스티븐 호킹이 태어나기 300여 년 전에 '지구가 스스로 돌면서(자전) 1년에 한

바퀴씩 태양의 둘레를 돈다(공전).'는 지동설을 주장한 학자입니다. 갈릴레이가 살던 때는 종교가 사회를 지배하던 시대라 신이 창조한 지구가 우주의 중심이므로, 태양이 지구의 둘레를 돈다고 잘못 알고 있던 때였습니다. 그러한 때 지구가 태양의 둘레를 돈다고 주장하면 종교 재판을 받아 사형을 당할 수도 있었습니다. 그러한 시대에 '지구가 태양 둘레를 돈다.'고 말했던 사람입니다.

스티븐 호킹도 갈릴레이처럼 우주에 대해서 세상이 깜짝 놀랄 만한 연구를 하고 싶었던 것입니다. 그래서 고급반에 올라가자 아버지의 반대를 무릅쓰고 수학과 물리학, 화학(여러 가지 물질의 성질과 변화를 연구하는 학문) 같은 자연 과학 공부에 힘을 기울였습니다.

이런 공부는 스티븐 호킹이 좋아할 뿐 아니라, 장차 꿈을 이루기 위해서도 반드시 해야 하는 공부였습니다. 그래서 밤낮을 모르고 공부에만 열중했습니다.

그러다 보니 고급반에 올라가서도 친구를 사귀지 못하고, 운동에도 소홀해질 수밖에 없었습니다. 그 대신 공부를 하다 지치면 음악을 듣는 것으로 피로를 풀었습니다.

눈을 감고 음악 연주를 듣고 있으면 넓은 우주의 신비로운 모습이 머리에 떠오르고, 자연의 움직임에 대해서 여러 가지

상상을 하게 되었습니다. 스티븐 호킹은 그것이 좋았습니다. 그래서 한때는 스티븐 호킹도 피아노나 바이올린 같은 악기를 배워 보려고 노력했으나 손재주가 없는 탓인지 잘 되지 않았습니다.

자만심에 빠져
공부를 망침

세인트 알반스 학교를 졸업한 스티븐 호킹은 17세에 장학금을 받으며 옥스퍼드 대학에 들어갔습니다. 옥스퍼드 대학은 케임브리지 대학과 함께 영국이 자랑하는 세계적인 명문 대학입니다.

전공과목으로는 본래의 뜻대로 물리학을 택했습니다. 의사가 되기를 권하던 아버지도 아들의 목표가 워낙 뚜렷하기 때문에 더 이상 반대하지 않았습니다.

그런데 교수님들로부터 강의를 들어 본 스티븐 호킹은 실망

을 하지 않을 수 없었습니다. 대학이라면 좀 더 높고 새로운 학문을 가르칠 줄 알았는데 모두 이미 자신이 알고 있는 내용이었습니다. 세인트 알반스 학교 고급반 시절에 워낙 공부를 많이 해 두었기 때문이었습니다.

　다른 학생들이 공부를 따라가느라 밤을 새우다시피 하는 동안에 스티븐 호킹은 다른 취미거리를 찾았습니다. 이때 처음으로 눈을 뜬 것이 조정 경기였습니다. 보트처럼 생긴 긴 배에 여러 명의 친구들과 함께 타고 푸른 물결을 헤쳐 나가는 맛이란 참으로 상쾌했습니다.

그 재미에 빠져 스티븐 호킹은 2학년이 끝날 때까지 거의 공부를 하지 않았습니다. 그러고도 교내 물리학 경시 대회에 나가 1등을 차지했습니다.

　　그러나 너무 자신감을 가진 게 탈이었습니다. 3학년 졸업 때가 가까워진 어느 날, 지도 교수가 스티븐 호킹을 불렀습니다.

　　"호킹 군, 자네는 대학을 졸업하면 어떻게 할 생각인가? 무슨 계획이라도 있는가?"

　　"예, 케임브리지 대학원에 진학하여 박사 과정 공부를 할 계획입니다."

　　"케임브리지 대학원에 진학하겠다고? 무슨 연구로 박사 학위를 딸 생각인데?"

　　"우주론을 전공하고 싶습니다."

　　지도 교수는 스티븐 호킹을 힐끗 쳐다보고 어이없다는 듯이 말했습니다.

　　"케임브리지 대학원에 들어가자면 성적이 1등급이 되어야 하

네. 그런데 자네는 1.5등급밖에 안 돼. 그런 성적으로 어떻게 그 어려운 우주론을 전공하겠단 말인가?"

그 말을 듣는 순간 스티븐 호킹은 뒤통수를 한 대 얻어맞은 기분이었습니다. 그동안 조정 경기에 빠져 3학년 때 시험을 망쳤던 것입니다. 1, 2학년 때는 전에 공부해 둔 것이 있어서 놀면서도 좋은 학점을 딸 수 있었지만, 3학년 때까지 머리만 믿고 있다가 공부를 망친 것이었습니다.

잔뜩 풀이 죽어 고개를 숙이고 있는 스티븐 호킹에게 지도 교수는 엄숙한 목소리로 말했습니다.

"자네가 머리가 좋고 실력도 뛰어나다는 것을 나도 인정하네. 그러나 자만심에 빠져 노력을 게을리하면 절대 학문에 성공할 수 없다네. 이점을 꼭 명심하게."

지도 교수는 그러면서도 스티븐 호킹이 케임브리지 대학원에 들어갈 수 있도록 추천서를 써 주었습니다. 스티븐 호킹은 비로소 자신의 잘못을 깨닫고 앞으로는 더욱 겸손하게 학문의 길을 걷겠다고 결심했습니다.

근육 위축증에
걸리다

만 20세에 케임브리지 대학원생이 된 스티븐 호킹은 자만심에 빠졌던 대학 시절을 거울삼아 기초부터 차근차근 공부해 나갔습니다.

그가 전공으로 정한 '우주론'은 지구를 둘러싼 천체 공간의 비밀을 연구하는 학문이기 때문에 과거에 다른 학자들이 밝혀 놓은 지식부터 알고 넘어가야 했습니다.

지구가 태양의 둘레를 돈다는 사실을 제일 먼저 주장한 사람은 폴란드의 과학자 코페르니쿠스(1473~1543)였습니다. 그

2015년 2월, 런던 왕립 오페라 하우스에서 열린 영국아카데미 시상식에 참석한 스티븐 호킹

러나 그는 지구가 어떤 힘에 의해 움직이는지는 알지 못했습니다.

그 뒤를 이어 '관성의 법칙'을 밝혀낸 학자가 바로 갈릴레이였습니다. 움직이는 물체는 계속 움직이려고 하는 성질이 있고, 정지된 물체는 계속 그 자리에 머물러 있으려고 하는 성질이 있는데, 지구는 움직이려고 하는 관성 때문에 자전과 공전

을 한다는 것이었습니다. 그렇지만 갈릴레이도 지구의 관성이 어디서 오는 힘 때문에 생기는지 밝혀내지 못했습니다.

지구를 비롯한 모든 행성(태양의 둘레를 도는 별)은 일정한 궤도를 따라 도는데, 그 도는 힘, 즉 관성은 태양과 행성이 서로 끌어당기는 힘 때문이라는 것을 밝혀낸 사람은 영국의 물리학자 뉴턴(1642~1727)이었습니다. 그 힘을 '중력'이라고 하고, 이 원리를 '만유인력의 법칙'이라고 합니다.

다시 뒤를 이어 '상대성 이론'으로 과학계를 깜짝 놀라게 한 사람이 독일의 물리학자 아인슈타인(1879~1955)이었습니다. 그가 주장한 상대성 이론은 너무 어려워 전문가가 아니면 이해하기 어렵지만, 우리가 알고 있는 시간과 공간은 항상 일정한 상태로 있는 것이 아니라, 만약 지구의 움직임이 빨라지면 시간과 공간도 구겨진 종잇장처럼 찌그러질 수 있다는 이론이었습니다. 마치 고속으로 달리던 차가 무엇에 부딪히면 찌그러지는 것과 같이 말입니다.

그는 또 어떤 별의 중력, 즉 끌어당기는 힘이 강해지면 그

별에서는 빛(광선)도 곧게 나가지 못하고 휘어진다는 주장도 했습니다. 스티븐 호킹은 이런 공부를 하면서 아인슈타인의 뒤를 이어 우주가 탄생한 비밀을 밝혀내는 것이 자신이 연구할 과제라고 생각했습니다. 앞으로 연구할 방향이 잡힌 것이었습니다.

그러는 동안에 1년이 지나 한 해가 저무는 12월이 되었습니다. 학교에서는 한 해를 마감하는 송년회가 열렸습니다. 그 자리에 참석했던 스티븐 호킹은 어떤 친구로부터 한 여학생을 소개받았습니다. 제인 와일드라는 여학생은 아직 어린 고등학생이었습니다.

스티븐 호킹은 그 여학생 앞에서 음료수 컵을 집다가 실수로 컵을 쓰러뜨리고 말았습니다. 음료수가 스티븐 호킹의 옷에 튀자 여학생은 손수건을 꺼내 친절히 닦아 주었습니다. 그 일로 해서 두 사람은 가까운 사이가 되었습니다.

그런데 그날 스티븐 호킹이 컵을 쓰러뜨린 것은 실수가 아니었습니다. 분명히 컵을 바로 잡는다고 했는데 손이 이상하게 굳어지면서 컵을 놓친 것이었습니다. 이런 증상은 이날뿐 아니라 대학생 시절부터 나타난 증상이었습니다. 구두끈을 매려고 해도 손이 말을 잘 듣지 않았고, 다리에 힘이 빠지면서 벽에 부딪힐 뻔한 일도 종종 있었습니다.

이제까지는 대수롭지 않게 여겼는데 아무래도 기분이 이상해 아버지와 함께 병원을 찾았습니다. 아버지도 의사였지만 이런 병에는 전문의가 아니었습니다.

스티븐 호킹을 진찰한 의사는 아버지를 보고 무겁게 입을 열었습니다.

"안타깝게도 아드님의 병은 근육 위축증입니다."

근육 위축증(루게릭병)은 온몸의 근육이 천천히 굳어져 나중에는 몸을 전혀 쓸 수 없게 되는 병이었습니다. 그러다가 목구멍의 근육까지 굳어지면 숨이 막혀 죽는 병입니다.

깜짝 놀란 아버지는 의사에게 매달리듯이 물었습니다.

"어떻게 치료할 방법이 없겠습니까?"

"현대 의학으로도 고칠 수 없는 병입니다."

"그럼 얼마나 살 수 있겠습니까?"

"앞으로 길어야 2년쯤……."

의사의 말에 스티븐 호킹과 아버지는

무너지듯 그 자리에 주저앉았습니다.

절망에서 희망으로

'아, 내가 왜 이런 병에 걸렸을까? 내가 앞으로 2년밖에 못 산다니!'

근육 위축증 진단을 받은 스티븐 호킹은 한동안 절망에서 벗어나지 못했습니다. 그래서 아무도 만나지 않고 혼자 음악을 듣는 것으로 슬픔을 달랬습니다.

그러다가 어느 날 병원에서 백혈병으로 죽어 가는 소년을 보았습니다. 소년은 눈을 감는 그날까지 아픔을 견디지 못해 괴로워했습니다. 그 모습을 본 순간 스티븐 호킹은 정신이 번

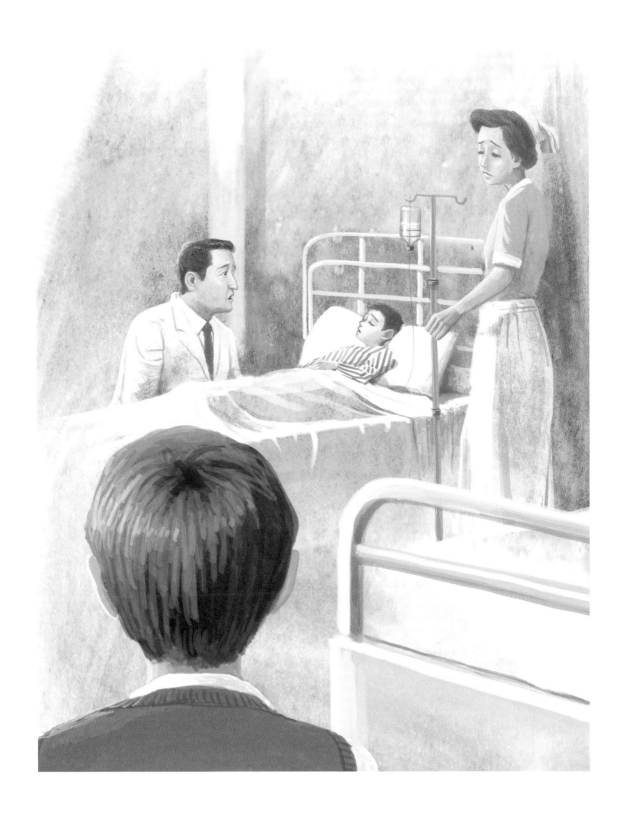

쩍 들었습니다.

'세상에는 나보다 더한 환자도 있구나. 나는 그래도 아픈 데
는 없지 않은가.'

그랬습니다. 근육 위축증은 근육이 천천히 굳어 갈 뿐, 아픈
증세는 느껴지지 않는 병이었습니다. 그리고 평소에는 아무렇
지도 않다가 어느 순간 갑자기 몸 상태가 나빠지는 병이었습
니다.

백혈병 소년을 보고 용기를 얻은 스티븐 호킹은 그날부터
다시 연구실로 돌아갔습니다. 죽을 때 죽더라도 연구는 계속
하겠다는 결심이었습니다. 그리고 다시는 죽음을 두려워하지
않겠다는 결심도 했습니다.

그때부터 스티븐 호킹은 의사인 아버지가 처방해 주는 약을
먹고 논문 쓰기에 힘을 기울였습니다. 그동안 힘이 되어 준 것
은 지난 송년회 때 사귄 여학생 제인 와일드였습니다.

그녀는 시간 날 때마다 연구실에 찾아와 손이 불편한 스티븐
호킹을 도와 타자도 쳐 주고 용기도 북돋워 주었습니다.

연설하는 스티븐 호킹 | 「왜 우리는 우주로 가야 하는가」라는 제목으로 미국의 조지 워싱턴 대학에서 연설을 하는 모습입니다. 스티븐 호킹은 이 연설에서 인간의 우주 탐험 가능성에 대해서 이야기를 했습니다.

"스티븐 오빠, 오빠의 병은 꼭 나을 거예요. 그때까지 내가 힘껏 도울 테니까 오빠는 열심히 연구만 하세요."

그 말에 스티븐 호킹은 새로운 희망을 얻었습니다. 그리하여 대학원에 입학한 지 3년 만에 「블랙홀의 특이점」에 관한 논문을 쓰고 박사 학위도 받았습니다.

스티븐 호킹이 블랙홀에 관심을 갖게 된 것은 그 현상이 우주의 탄생과 깊은 관계가 있기 때문이었습니다.

　아득한 옛날, 태양보다 큰 별이 있었고, 그 별이 식으면서 중력(끌어당기는 힘)이 높아지자 주위의 다른 별들까지 빨아들이게 되었다는 것이 블랙홀(검은 구멍) 생성의 이론입니다. 그러다가 블랙홀이 내부 압력에 못 이겨 대폭발(빅뱅)이 일어나면서 오늘날 우리가 보고 있는 것과 같은 넓은 우주가 생겨났다는 것이 대부분 학자들의 추측이었습니다. 마치 고무풍선에 계속 바람을 집어넣으면 공기의 압력에 못 이겨 풍선이 터지는 것과 같은 이치입니다.

　그러나 이런 추측은 그저 추측일 뿐, 우주가 워낙 넓기 때문에 실제로 증명해 보일 수는 없는 이론이었습니다. 그래서 좁은 공간에다 블랙홀과 같은 장치를 마련해 놓고 실험을 거듭하면서 그것을 숫자로 계산해 수억 년 전 우주 탄생의 비밀을 밝혀낼 수밖에 없습니다. 스티븐 호킹도 이런 방법으로 블랙홀 안에서 일어나는 특별한 현상과 작용에 대해서 연구 논문을 쓴 것입니다.

　그러는 사이에 3년이 지나 의사가 예상한 죽음의 2년을 훌쩍 넘겼습니다. 그동안 몸이 더욱 망가져 지팡이를 짚어야 할 정도가 되었지만 아직 말을 하거나 글을 쓰는 데는 큰 지장이 없었습니다. 논문을 쓰는 동안 계속 곁을 지켜 주던 제인 와일드도 고등학교를 마치고 대학생이 되어 두 사람은 마침내 결혼까지 하게 되었습니다.

53

블랙홀은
검지 않다

    결혼을 하고 가정을 꾸리자 스티븐 호킹은 더욱 마음이 안
정되었습니다. 연구에 대한 의욕도 더욱더 높아졌습니다. 아
내인 제인 와일드가 손발이 되어 뒤를 보살펴 주기 때문이었
습니다.

    이때부터 스티븐 호킹은 본격적으로 블랙홀 연구에 뛰어들
었습니다. 스티븐 호킹이 가장 궁금하게 여긴 것은 블랙홀이
오랜 세월이 지나면 계속 불어나느냐(팽창), 아니면 작게 쪼그
라드느냐(수축) 하는 문제였습니다.

블랙홀 | 스티븐 호킹은 블랙홀이 빛을 빨아들이고 내부에서 열도 발생하기 때문에 속이 어둡지 않고 밝을 거라는 가설을 내놓았습니다.

이 문제가 왜 중요하냐 하면 우주도 하나의 커다란 블랙홀이기 때문입니다. 태양을 비롯한 지구 및 여러 행성과 별들은 모두 중력을 가지고 있으니 오랜 세월 동안 우주 밖의 물질을 끌어들이다 보면 우주도 블랙홀이 될 가능성이 충분히 있는 것입니다.

그럴 경우, 우주가 계속 팽창하면 다행이지만 만약 쪼그라든다면 큰 재앙이 아닐 수 없습니다. 우주가 쪼그라들면 태양

도 지구도, 그리고 우주에 떠 있는 수많은 별들도 이 세상에서 사라지게 되기 때문입니다.

이 문제를 풀지 못해 고민하던 스티븐 호킹은 어느 날 저녁 잠자리에 들다가 문득 생각이 떠올랐습니다. 이 세상의 모든 물체는 내부에 다른 물질이 들어오면 더 크게 부풀어 오를지언정 작게 쪼그라들지는 않는다는 사실이었습니다. 사람이 음식을 계속 먹으면 위가 늘어날지언정 줄어들지는 않는 것과 같은 이치였습니다. 그러니까 우주도 계속 팽창하면 했지 쪼그라들 염려는 없는 것이었습니다.

스티븐 호킹이 이런 사실을 세상에 알리자 많은 과학자들이 비웃었습니다. 그런 뻔한 사실을 무슨 새로운 발견이라고 자랑하느냐는 것이었습니다.

그러나 블랙홀을 연구하는 스티븐 호킹에게는 아무리 뻔한 사실이라도 과학적으로 증명하고 넘어가지 않으면 안 될 일이었습니다. 만약 우주가 쪼그라들면 지구가 사라지게 되고, 그러면 그 위에 살고 있는 인간의 생명이 위태하기 때문이었습

니다.

스티븐 호킹은 여기에 머무르지 않고 다시 블랙홀 내부의 특별한 움직임(특이점)에 대해서 연구를 이어갔습니다. 블랙홀이 외부의 물질을 끌어당기다 보면 여러 가지 물질이 섞이면서 화학 작용(각각 다른 성질의 물질이 섞여 새로운 성질의 물질이 만들어지는 현상)이 일어나게 되는데, 이때 뜨거운 열이 생깁니다. 어떤 물체든지 열이 높아지면 거기서 새로운 힘이 생겨 운동 에너지가 활발해집니다.

그렇다면 우리가 살고 있는 지구는 어떨까요? 지구도 중력을 가지고 있으니까 블랙홀이 될 수 있습니다.

만약 지구가 블랙홀이 되어 온도가 높아지고 센 운동 에너지가 뿜어져 나온다면 자전과 공전이 빨라지겠지요? 그것은 또 하나의 재앙이 될 수밖에 없습니다. 자전이 빨라지면 하루가 24시간이 아닌 12시간으로 줄어들 수도 있고, 공전이 빨라지면 1년이 365일이 아닌 182일로 줄어들 테니까요.

이 문제를 가지고 오랫동안 연구를 거듭하던 스티븐 호킹은 새로운 사실을 밝혀냈습니다.

블랙홀은 넘치는 에너지를 한꺼번에 내뿜는 것이 아니라 조금씩 조금씩 증발시킨다는 사실이었습니다. 마치 끓는 냄비 속의 물이 김이 되어 사라지듯이 말입니다. 그러니까 지구가 블랙홀이 되어도 자전과 공전의 속도는 변하지 않고 일정한 속도를 유지하게 되는 것입니다.

그리고 블랙홀은 빛도 빨아들이고 내부에서 열도 발생하기 때문에 속이 어둡지 않고 밝을 것이라는 가설(임시로 세운 이론)도 내놓았습니다.

스티븐 호킹은 이런 연구 결과를 종합하여 「블랙홀 폭발」이라는 논문을 발표했습니다. 그러자 그를 비웃던 학자들도 스티븐 호킹의 놀라운 상상력에 감탄을 아끼지 않았습니다. 특히 그의 연구가 지구와 인간의 안위(안전함과 위태로움)를 걱정하는 마음에서 이루어졌다는 사실에 높은 찬사를 보냈습니다.

인간 승리의
표본

이제 블랙홀 연구에서 스티븐 호킹을 뛰어넘을 학자는 아무도 없었습니다. 영국 최고의 학술 기관인 왕립 학술원에서도 그의 업적을 인정하고 스티븐 호킹을 새 회원으로 맞아들였습니다. 그 자리는 과학자라면 누구나 오르고 싶어 하는 명예로운 자리입니다. 스티븐 호킹은 불과 32세라는 젊은 나이에 그런 자리에 올랐습니다.

스티븐 호킹이 회원으로 등록하는 자리에는 많은 과학자들이 그를 축하하기 위해 모였습니다. 그 자리에 스티븐 호킹은

휠체어를 타고 나타났습니다. 그동안 몸은 더욱 망가져 목 아랫부분을 전혀 쓸 수 없게 되었고, 머리도 한쪽으로 기울어졌습니다. 말도 그의 입을 보면서 들어야 알아들을 수 있을 정도로 심하게 더듬거렸습니다.

그 자리에서 스티븐 호킹은 이렇게 말했습니다.

"저를 안쓰러운 눈으로 보지 마십시오. 제 몸은 한 발자국도

움직일 수 없이 굳었지만 머리로는 저 넓은 우주를 마음대로 날아다닐 수 있습니다. 앞으로도 저는 목숨이 다하는 날까지 우주 연구의 끈을 놓지 않을 것입니다."

식장 안에는 박수 소리가 오래도록 이어졌습니다.

그에게 돌아온 영예는 이뿐만이 아니었습니다. 그의 모교인

케임브리지 대학에서 그를 석좌 교수(연구만 전문으로 하는 교수)로 맞아들였고, 세계 여러 나라 대학에서 강연 초청과 함께 명예박사 학위를 주었습니다. 또한 물리학계의 최고상인 아인슈타인상도 받았습니다.

스티븐 호킹은 불편한 몸에도 강연 요청이 오면 어디든지 찾아가 자기가 알고 있는 지식을 여러 사람에게 알려 주었습

니다. 그는 과학 지식을 몇몇 전문가만 알고 있어서는 안 되고, 보통 사람들도 알고 생활에 활용할 수 있어야 한다고 주장했습니다.

그래서 이제까지 연구한 내용을 누구나 알 수 있도록 쉽게 풀어『시간의 역사』라는 책도 펴냈습니다.

이 책은 우리나라를 비롯한 세계 여러 나라 말로 번역되어 지금도 널리 읽히고 있습니다.

그런데 이 책을 쓰는 동안 그에게는 또 한 번의 시련이 닥쳐왔습니다. 폐렴에 걸려 기관지를 잘라 내야 하는 대수술을 받게 된 것입니다.

사람은 기관지가 없으면 목소리를 낼 수 없습니다.

그동안 더듬거리며 하던 말조차 그는 영원히 잃어버리고 만 것입니다.

다행히 미국의 어느 컴퓨터 전문가가 그에게 음성 합성기를 선물해 주었습니다. 컴퓨터의 자판을 누르면 그것이 소리로 바뀌어 뜻을 전달하게 되는 기계였습니다. 스티븐 호킹은 거우 쓸 수 있는 몇 개의 손가락으로 자판을 하나하나 눌러 세상에 자기의 뜻을 전했습니다.

목소리마저 잃는 큰 시련을 겪고도 그는 웃는 낮으로 말했습니다.

"나는 내 몸의 장애를 결코 불행하다고 생각하지 않습니다. 내가 만약 다른 사람들과 같은 정상인이었다면 우주를 연구하는 이런 힘들고도 즐거운 일은 할 수 없었을 것입니다."

이 말은 전 세계 장애인들에게 큰 희망과 용기를 주었습니다.

스스로는 움직일 수도, 말을 할 수도 없는 몸이 되었지만 그는 세계를 날아다니며 젊은 과학도들에게 우주에 대한 지식을 전파하는 데 노력을 아끼지 않았습니다. 우리나라에도 1990년과 2000년, 두 차례나 다녀갔습니다. 2007년에는 65세의 고령에도 불구하고 미국의 무중력 체험선을 타고 하늘에 올라가 몸이 허공에 둥둥 뜨는 실험도 했습니다.

2012년 1월 8일은 스티븐 호킹이 70세 생일을 맞이한 날이었습니다. 그러나 그는 생일 파티에 나오지 못했습니다. 건강

세계적으로 인기 있는 스티븐 호킹이 쓴 물리학 도서들

이 더욱 나빠진 것이었습니다. 그러나 그는 정신력으로 신체적 고통을 이겨 내고, 종교나 국제 문제에 대해 자기의 생각을 활발히 밝혔습니다.

그 후 2018년 3월 14일, 천재 물리학자 스티븐 호킹은 머나먼 우주로 긴 여행을 떠났습니다. 그의 나이 76세였습니다.

스티븐 호킹, 그는 떠났지만 영원한 우주인인 동시에 인간 승리의 표본으로 역사에 길이 남을 것입니다. ❀

연 대	발 자 취
1942년(0세)	1월 8일 영국 옥스퍼드에서 아버지 프랭크 호킹의 맏아들로 태어나다.
1952년(10세)	세인트 알반스 사립학교에 입학하다.
1957년(15세)	세인트 알반스 고급반에 진급하여, 의사가 되기를 원하는 아버지의 뜻을 어기고 물리학 공부에 열중하다.
1959년(17세)	옥스퍼드 대학에 장학생으로 입학하다.
1960년(18세)	교내 물리학 경시 대회에서 1등을 차지하다. 그러나 자만심에 빠져 졸업 시험을 망치고 크게 반성하다.
1962년(20세)	'우주론'을 전공하기 위하여 케임브리지 대학원 물리학과에 입학하다.
1963년(21세)	근육 위축증(루게릭병) 진단을 받고 절망에 빠졌다가 여학생 제인 와일드의 위로를 받고 새 희망을 찾다.
1965년(23세)	수학자 로저 펜로즈와 함께 「블랙홀의 특이성」에 관한 논문을 쓰다. 제인 와일드와 결혼하다.
1966년(24세)	케임브리지 대학에서 박사 학위를 받다.
1970년(28세)	블랙홀은 끝없이 팽창한다는 사실을 발견하다.
1974년(32세)	「블랙홀 폭발」에 관한 논문으로 세계적 물리학자가 되다. 영국 최고의 학술 기관인 왕실 학술원 회원이 되다. 이때 이미 온몸이 굳고 머리가 기울어져 휠체어로만 움직일 수 있게 되다.
1978년(36세)	케임브리지 대학 석좌 교수가 되고, 물리학계 최고상인 아인슈타인상을 받다.
1982년(40세)	뉴욕 대학, 프린스턴 대학, 노트르담 대학, 라이세스터 대학 등에서 초청 강연을 하고 명예박사 학위를 받다.
1985년(43세)	폐렴으로 기관지 제거 수술을 받고 목소리를 잃다. 이때부터 컴퓨터 음성 합성기로만 의사소통을 하게 되다.
1988년(46세)	우주에 대한 지식을 쉽게 풀어 쓴 『시간의 역사』를 펴내 과학을 대중화시키다.
1990년(48세)	한국에 다녀가다. 그 후 2000년에도 다녀감.
2007년(65세)	미국의 무중력 체험선을 타고 무중력 상태를 직접 체험하다.
2012년(70세)	건강 악화로 생일 파티에 나오지 못했으나 정신력으로 버티고, '세상에 신은 없다.'는 주장을 펴 종교계와 갈등을 빚다.
2018년(76세)	케임브리지셔 카운티의 케임브리지에서 76세로 사망하다. 유해는 웨스트민스터 대성당에 안치되다.

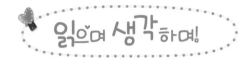
1. 머리가 좋은 스티븐 호킹이 대학교 졸업반 때 시험을 망친 이유는 무엇 때문인가요?

_____

_____

2. 스티븐 호킹은 지구가 블랙홀이 되어도 자전과 공전의 속도는 변함없 이 일정하게 유지된다고 주장했습니다. 그런 주장을 하게 된 근거는 무 엇인가요?

　　이 문제를 가지고 오랫 동안 연구를 거듭하던 스티 븐 호킹은 새로운 사실을 밝혀냈습니다.

　　블랙홀은 넘치는 에너지를 한꺼번에 내뿜는 것이 아니라 조금씩 조금씩 증발시킨다는 사실이었습니다. 마치 끓는 냄비 속의 물이 김이 되어 사라지듯이 말 입니다. 그러니까 지구가 블랙홀이 되어도 자전과 공 전의 속도는 변하지 않고 일정한 속도를 유지하게 되 는 것입니다.

_____

_____

_____

3. 스티븐 호킹의 아버지는 아들이 의사가 되기를 원했습니다. 그러나 스티븐 호킹은 아버지의 뜻을 어기고 물리학자가 되었습니다. 내가 만약 그런 경우였다면 나는 어떻게 했을까요?

4. 스티븐 호킹은 폐렴으로 목소리를 잃고도 웃는 낯으로 이렇게 말했습니다. "나는 내 몸의 장애를 결코 불행하다고 생각하지 않습니다. 내가 만약 다른 사람들과 같은 정상인이었다면 우주를 연구하는 이런 힘들고도 즐거운 일을 할 수 없었을 것입니다." 스티븐 호킹의 이런 자신감과 힘은 어디서 나왔을까요? 각자 자기의 생각을 써 보세요.

5. 거리에서 장애인을 보았을 때 나는 어떤 생각을 했나요? 자신의 경험을 중심으로 써 보세요.

1. 자기 머리만 믿고 자만심에 빠졌기 때문이다.

2. 블랙홀은 내부에서 생기는 열과 운동 에너지를 계속 증발시키기 때문에 지구 가 블랙홀이 되어도 자전과 공전의 속도는 변하지 않는다고 보았다.

3. 예시 : 나는 아버지의 뜻에 따랐을 것이다. 나는 아직 장차 무엇을 하는 사람 이 되겠다고 깊이 생각해 본 적이 없기 때문이다. 그러나 스티븐 호킹처럼 자 기가 원하는 길에서 성공하려면 어릴 때부터 뚜렷한 꿈을 갖는 것이 중요하 다는 것을 알았다. 나도 장래의 행복을 위해 이제부터 내가 잘할 수 있는 일 이 무엇인가를 찾아 노력해야겠다.

4. 예시 : 사람은 몸도 튼튼해야 하지만 정신도 강해야 무슨 일이든 잘할 수 있다 고 생각한다. 스티븐 호킹은 세상에서 가장 약한 몸으로 아무나 할 수 없는 큰 업적을 남겼다. 그렇게 볼 때 스티븐 호킹은 누구보다도 강한 정신력을 가진 사람이라고 할 수 있다. 정신력이 강하기 때문에 목소리마저 잃고도 그것을 불행으로 여기지 않으며 힘든 연구도 즐겁게 할 수 있었을 것이다.

5. 예시 : 나는 전에 어떤 누나가 안내견을 데리고 지하철을 타는 것을 보았다. 안내견은 덩치가 아주 컸는데 보기보다 순했다. 사람들을 보고 짖지도 않고 물려고 덤비지도 않았다. 그냥 조용히 검은 안경 쓴 누나를 이끌고 빈자리를 찾아가 앉게 했다. 지하철이 달리는 동안에는 누나 발밑에 쪼그리고 앉았다 가, 내릴 때가 되자 조용히 누나를 이끌고 나갔다. 마침 내가 탄 칸이 지하철 역 계단 옆에 있어서 나는 누나와 안내견이 계단을 또박또박 올라가는 것까 지 볼 수 있었다. 개가 사람의 눈을 대신하는 것도 신기했지만, 앞 못 보는 누 나가 어떻게 그 복잡하고 계단도 많은 지하철역을 오르내리는지 신기했다. 그래서 나도 우리 집 앞 정거장에서 내려 눈을 감고 몇 발자국 걸어 보았다. 그러나 단 세 발자국을 못 가 눈을 뜨고 말았다. 계단을 올라갈 때는 옆의 손 잡이를 잡고 올라가 보았지만 역시 답답해 눈을 뜨고 말았다. 장애가 있으면 정말 많이 불편할 것 같다. 장애인들을 위한 편의 시설이 많아야 할 것 같다.

역사 속에 숨은 위인을 만나 보세요!

한반도 주요 인물 및 사건

- 광개토태왕 (374~412)
- 을지문덕 (?~?)
- 연개소문 (?~666)
- 김유신 (595~673)
- 대조영 (?~719)
- 장보고 (?~846)
- 왕건 (877~943)
- 강감찬 (948~1031)
- 최무선 (1328~1395)
- 황희 (1363~1452)
- 세종대왕 (1397~1450)
- 장영실 (?~?)
- 신사임당 (1504~1551)
- 이이 (1536~1584)
- 허준 (1539~1615)
- 유성룡 (1542~1607)
- 한석봉 (1543~1605)
- 이순신 (1545~1598)
- 오성과 한음 (오성 1556~1618 / 한음 1561~1613)

- 고구려 살수대첩 (612)
- 신라 삼국통일 (676)
- 견훤 후백제 건국 (900)
- 궁예 후고구려 건국 (901)
- 고려 강화로 도읍 옮김 (1232)
- 개경 환도, 삼별초 대몽항쟁 (1270)
- 문익점 원에서 목화씨 가져옴 (1363)
- 최무선 화약 만듦 (1377)
- 허준 동의보감 완성 (1610)
- 병자호란 (1636)
- 상평통보 전국 유통 (1678)

- 고조선 건국 (B.C. 2333)
- 철기 문화 보급 (B.C. 300년경)
- 고조선 멸망 (B.C. 108)
- 고구려 불교 전래 (372)
- 신라 불교 공인 (527)
- 대조영 발해 건국 (698)
- 장보고 청해진 설치 (828)
- 왕건 고려 건국 (918)
- 귀주대첩 (1019)
- 윤관 여진 정벌 (1107)
- 조선 건국 (1392)
- 훈민정음 창제 (1443)
- 임진왜란 (1592~1598)
- 한산도 대첩 (1592)

연표

| B.C. 선사 시대 및 연맹 왕국 시대 | A.D. 삼국 시대 | 698 남북국 시대 | 918 | 고려 시대 | 1392 |

2000 500 400 300 100 0 300 500 600 800 900 1000 1100 1200 1300 1400 1500 1600

| B.C. 고대 사회 | A.D. 375 | 중세 사회 | 1400 |

세계사 주요 사건

- 중국 황하 문명 시작 (B.C. 2500년경)
- 인도 석가모니 탄생 (B.C. 563년경)
- 알렉산더 대왕 동방 원정 (B.C. 334)
- 크리스트교 공인 (313)
- 게르만 민족 대이동 시작 (375)
- 로마 제국 동서로 분열 (395)
- 수나라 중국 통일 (589)
- 이슬람교 창시 (610)
- 수 멸망 당나라 건국 (618)
- 러시아 건국 (862)
- 거란 건국 (918)
- 송 태종 중국 통일 (979)
- 제1차 십자군 원정 (1096)
- 테무친 몽골 통일 칭기즈 칸이 됨 (1206)
- 원 제국 성립 (1271)
- 원 멸망 명 건국 (1368)
- 잔 다르크 영국군 격파 (1429)
- 구텐베르크 금속 활자 발명 (1450)
- 코페르니쿠스 지동설 주장 (1543)
- 도요토미 히데요시 일본 통일 (1590)
- 독일 30년 전쟁 (1618)
- 영국 청교도 혁명 (1642~1649)
- 뉴턴 만유인력의 법칙 발견 (1665)

- 석가모니 (B.C. 563?~B.C. 483?)
- 예수 (B.C. 4?~A.D. 30)
- 칭기즈 칸 (1162~1227)

주시경
(1876~1914)

김구
(1876~1949)

정약용
(1762~1836)

안창호
(1878~1938)

우장춘
(1898~1959)

유관순
(1902~1920)

김정호
(?~?)

안중근
(1879~1910)

방정환
(1899~1931)

윤봉길
(1908~1932)

이중섭
(1916~1956)

백남준
(1932~2006)

이태석
(1962~2010)

이승훈
천주교
전도
(1784)

최제우
동학
창시
(1860)

김정호
대동여
지도
제작
(1861)

강화도
조약
체결
(1876)

지석영
종두법
전래
(1879)

갑신
정변
(1884)

동학
농민
운동,
갑오
개혁
(1894)

대한
제국
성립
(1897)

을사
조약
(1905)

헤이그
특사
파견,
고종
퇴위
(1907)

한일
강제
합방
(1910)

3·1
운동
(1919)

어린이날
제정
(1922)

윤봉길·
이봉창
의거
(1932)

8·15
광복
(1945)

대한
민국
정부
수립
(1948)

6·25
전쟁
(1950~1953)

10·26
사태
(1979)

6·29
민주화
선언
(1987)

서울
올림픽
개최
(1988)

북한
김일성
사망
(1994)

의약
분업
실시
(2000)

조선 시대		1876 개화기	1897 대한 제국	1910 일제 강점기	1948 대한민국	

| 1700 | 1800 | 1850 | 1860 | 1870 | 1880 | 1890 | 1900 | 1910 | 1920 | 1930 | 1940 | 1950 | 1970 | 1980 | 1990 | 2000 |

| 근대 사회 | | | | | | 1900 현대 사회 | | | | | | | | | | |

미국
독립
선언
(1776)

프랑스
대혁명
(1789)

청·영국
아편
전쟁
(1840~1842)

미국
남북
전쟁
(1861~1865)

베를린
회의
(1878)

청·
프랑스
전쟁
(1884~1885)

청·일
전쟁
(1894~1895)

헤이그
평화
회의
(1899)

영·일
동맹
(1902)

러·일
전쟁
(1904~1905)

제1차
세계
대전
(1914~1918)

러시아
혁명
(1917)

세계
경제
대공황
시작
(1929)

제2차
세계
대전
(1939~1945)

태평양
전쟁
(1941~1945)

국제
연합
성립
(1945)

소련
세계
최초
인공위성
발사
(1957)

제4차
중동
전쟁
(1973)

소련
아프가니
스탄
침공
(1979)

미국
우주
왕복선
콜럼비아
호 발사
(1981)

독일
통일
(1990)

유럽
11개국
단일
통화
유로화
채택
(1998)

미국
9·11
테러
(2001)

워싱턴
(1732~1799)

페스탈
로치
(1746~1827)

모차
르트
(1756~1791)

나폴
레옹
(1769~1821)

링컨
(1809~1865)

나이팅
게일
(1820~1910)

파브르
(1823~1915)

노벨
(1833~1896)

에디슨
(1847~1931)

가우디
(1852~1926)

라이트
형제
(형, 윌버
1867~1912 /
동생, 오빌
1871~1948)

마리
퀴리
(1867~1934)

간디
(1869~1948)

아문센
(1872~1928)

슈바이처
(1875~1965)

아인슈
타인
(1879~1955)

헬렌
켈러
(1880~1968)

만델라
(1918~2013)

테레사
(1910~1997)

마틴
루서 킹
(1929~1968)

스티븐
호킹
(1942~2018)

오프라
윈프리
(1954~)

스티브
잡스
(1955~2011)

빌
게이츠
(1955~)

2024년 10월 30일 1판 5쇄 **펴냄**
2013년 11월 25일 1판 1쇄 **펴냄**

펴낸곳 (주)효리원
펴낸이 윤종근
글쓴이 조대현 · **그린이** 최주석, 원유성(표지)
사진 제공 연합포토
등록 1990년 12월 20일 · **번호** 2-1108
우편 번호 03147
주소 서울시 종로구 삼일대로 457, 406호
전화 02)3675-5222 · **팩스** 02)765-5222

ⓒ 2013, (주)효리원

이메일 hyoreewon@hyoreewon.com
홈페이지 www.hyoreewon.com